タイピングにやくだつ
はじめてのローマ字

2

にごる音、
つまる音
ほか

◀監修▶──小泉清華
〔筑波大学附属桐が丘特別支援学校教諭〕

◀編著▶──大門久美子

汐文社
ちょうぶんしゃ

ローマ字表（じひょう）

大文字（おおもじ） / 小文字（こもじ）	あ段（だん） A / a	い段（だん） I / i	う段（だん） U / u	え段（だん） E / e	お段（だん） O / o			
あ行（ぎょう）	あ a	い i	う u	え e	お o			
か行（ぎょう） K / k	か ka	き ki	く ku	け ke	こ ko	きゃ kya	きゅ kyu	きょ kyo
さ行（ぎょう） S / s	さ sa	し si[shi]	す su	せ se	そ so	しゃ sya[sha]	しゅ syu[shu]	しょ syo[sho]
た行（ぎょう） T / t	た ta	ち ti[chi]	つ tu[tsu]	て te	と to	ちゃ tya[cha]	ちゅ tyu[chu]	ちょ tyo[cho]
な行（ぎょう） N / n	な na	に ni	ぬ nu	ね ne	の no	にゃ nya	にゅ nyu	にょ nyo
は行（ぎょう） H / h	は ha	ひ hi	ふ hu[fu]	へ he	ほ ho	ひゃ hya	ひゅ hyu	ひょ hyo
ま行（ぎょう） M / m	ま ma	み mi	む mu	め me	も mo	みゃ mya	みゅ myu	みょ myo
や行（ぎょう） Y / y	や ya	（い）(i)	ゆ yu	（え）(e)	よ yo			
ら行（ぎょう） R / r	ら ra	り ri	る ru	れ re	ろ ro	りゃ rya	りゅ ryu	りょ ryo
わ行（ぎょう） W / w	わ wa	（い）(i)	（う）(u)	（え）(e)	を (o)[wo]			
ん	ん n							
が行（ぎょう） G / g	が ga	ぎ gi	ぐ gu	げ ge	ご go	ぎゃ gya	ぎゅ gyu	ぎょ gyo
ざ行（ぎょう） Z / z	ざ za	じ zi[ji]	ず zu	ぜ ze	ぞ zo	じゃ zya[ja]	じゅ zyu[ju]	じょ zyo[jo]
だ行（ぎょう） D / d	だ da	（ぢ）(zi)[di]	（づ）(zu)[du]	で de	ど do	（ぢゃ）(zya)[dya]	（ぢゅ）(zyu)[dyu]	（ぢょ）(zyo)[dyo]
ば行（ぎょう） B / b	ば ba	び bi	ぶ bu	べ be	ぼ bo	びゃ bya	びゅ byu	びょ byo
ぱ行（ぎょう） P / p	ぱ pa	ぴ pi	ぷ pu	ぺ pe	ぽ po	ぴゃ pya	ぴゅ pyu	ぴょ pyo

＊［　］の中（なか）はべつのかきあらわしかただよ。

もくじ

◯先生方・保護者の方へ
＊この本では、英語などの表記と混同することがないように、外来語はとりあつかっていません。
＊ローマ字に決まった書き順はありません。この本で示した書き順はひとつの例です。

まちで見かけたローマ字

まちにはいろいろなローマ字があるよ。
えの中のローマ字をよめるかな？

たこやき
TAKOYAKI

あおぞら
青空
Aozora

たこやき

はなみずがわ
花水川
Hanamizu River

＊Riverはえいごで川といういみだよ。

花水川

＊ち名や人の名まえは、はじめの文字を大文字でかくよ。目立たせたい
ときなどは、すべての文字を大文字にすることもあるよ。

「が・ぎ・ぐ・げ・ご」の

「が・ぎ・ぐ・げ・ご」は、〈g〉と〈aiueo〉をくみあわせて、2文字でかきあらわすよ。

がぎぐ

ga gi gu

| かけるかな | ゆびでなぞろう。4本のせんを目やすにするといいよ。 |

小文字

g

大文字

G

gは、おもさをはかるときにつかわれているね。

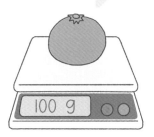

100 g

06

ローマ字をおぼえよう

げ　　　　ご

ge go

下のローマ字をよんでみよう。日本ごは、ページの下に小さくかいてあるよ。

ポイント

aiueo

〈aiueo〉のかきかたをおぼえているかな。

よめるかな

usagi

うさぎ

「ざ・じ・ず・ぜ・ぞ」の

「ざ・じ・ず・ぜ・ぞ」は、〈z〉と〈aiueo〉をくみあわせて、2文字でかきあらわすよ。

ざ
za

じ
zi

ず
zu

かけるかな ゆびでなぞろう。4本のせんを目やすにするといいよ。

小文字

Z

大文字

Z

zとZは、
アルファベットの
さいごの文字だよ。

Aa Bb
Cc

ローマ字をおぼえよう

ぜ　　　　　ぞ

ze　zo

よめるかな ▶ 下のローマ字をよんでみよう。日本ごは、ページの下に小さくかいてあるよ。

❶ zarigani

❷ suzu

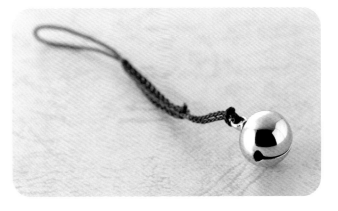

❶ざりがに　❷すず

「だ・ぢ・づ・で・ど」の

「だ・ぢ・づ・で・ど」は、〈 d 〉または〈 z 〉と〈 a i u e o 〉をくみあわせて、2文字でかきあらわすよ。

だ　　　　　　　ぢ　　　　　　　づ

da　zi　zu

かけるかな ▶ ゆびでなぞろう。4本のせんを目やすにするといいよ。

小文字

3Dプリンターの「D」だよ!

大文字
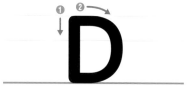

ローマ字をおぼえよう

で　　　　　ど

de do

ポイント

「ぢ・づ」は「じ・
ず」とおなじだよ。

よめるかな　下のローマ字をよんでみよう。日本ごは、ページの下に小さくかいてあるよ。

❶ **dango**

❷ **donguri**

❶だんご　❷どんぐり

11

「ば・び・ぶ・べ・ぼ」の

「ば・び・ぶ・べ・ぼ」は、〈 b 〉と〈 a i u e o 〉をくみあわせて、2文字でかきあらわすよ。

ば び ぶ

ba bi bu

かけるかな ゆびでなぞろう。4本のせんを目やすにするといいよ。

小文字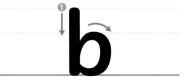

大文字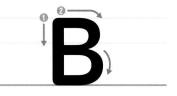

やきゅうのしあいで
見つけたB！

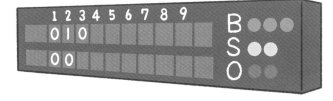

|2

ローマ字をおぼえよう

べ　　　ぼ

be bo

よめるかな 下のローマ字をよんでみよう。日本ごは、ページの下に小さくかいてあるよ。

① buta

② tobibako

① ぶた　② とびばこ

「ぱ・ぴ・ぷ・ぺ・ぽ」の

「ぱ・ぴ・ぷ・ぺ・ぽ」は、〈 p ^{ピー}〉と〈 a i u e o ^{エー アイ ユー イー オー}〉をくみあわせて、2文字でかきあらわすよ。

ぱ	ぴ	ぷ
pa	**pi**	**pu**

かけるかな ゆびでなぞろう。4本のせんを目やすにするといいよ。

小文字

大文字

「P ^{ピー}」はちゅう車じょうの
しるしとしても
つかわれているよ！

14

ローマ字をおぼえよう

ぺ　　　　　ぽ

pe po

よめるかな
下のローマ字をよんでみよう。日本ごは、ページの下に小さくかいてあるよ。

❶ tanpopo

❷ tenpura

❶たんぽぽ　❷てんぷら

のばす音のかき

のばす音は、〈 a i u e o 〉の上に、のばすしるし「＾」をつけるよ。

â î û

*iの「・」が「＾」になっているよ。
「ii」ともかくよ。

よめるかな　下のローマ字をよんでみよう。日本ごは、右のページの下に小さくかいてあるよ。

❶ **okâsan**

❷ **onîsan**

16

あらわしかた

「^」のかわりに「￣」を
つかうこともあるよ。

ê　ô　ō

3 yûbin

4 hikôki

❶おかあさん　❷おにいさん　❸ゆうびん　❹ひこうき

つまる音（小さい「っ」）

つまる音は、つぎの音のはじめの文字をかさねてかくよ。

ねこ neko → ねっこ nekko

さか saka → さっか sakka

のかきあらわしかた

よめるかな 下のローマ字をよんでみよう。日本ごは、ページの下に小さくかいてあるよ。

① kitte

② sekken

③ rappa

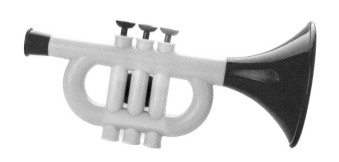

④ ottosei

①きって ②石けん ③らっぱ ④おっとせい

小さい「や・ゆ・よ」のつく

「きゃ・きゅ・きょ」は、〈 k 〉と〈 ya yu yo 〉をくみあわせて、3文字でかきあらわすよ。「ぎゃ・ぎゅ・ぎょ」は、〈 g 〉をつかって、3文字でかきあらわすよ。

きゃ	きゅ	きょ

kya kyu kyo

ぎゃ	ぎゅ	ぎょ

gya gyu gyo

小さい「や・ゆ・よ」は、ローマ字も、ya yu yo とかくんだね。

ローマ字をおぼえよう ①

よめるかな 下のローマ字をよんでみよう。日本ごは、ページの下に小さくかいてあるよ。

❶ kyaku

❷ kyûri

❸ gyûniku

❹ kingyo

小さい「や・ゅ・ょ」のつく

「しゃ・しゅ・しょ」は、〈s〉と〈ya yu yo〉をくみあわせて、3文字でかきあらわすよ。「じゃ・じゅ・じょ」は、〈z〉をつかって、3文字でかきあらわすよ。

しゃ **sya** しゅ **syu** しょ **syo**

じゃ **zya** じゅ **zyu** じょ **zyo**

ローマ字をおぼえよう ②

よめるかな 下のローマ字をよんでみよう。日本ごは、ページの下に小さくかいてあるよ。

❶ densya

❷ syukudai

❸ ninzya

❹ zyûgoya

❶でん車 ❷しゅくだい ❸にんじゃ ❹十五や

小さい「や・ゆ・よ」のつく

「ちゃ・ちゅ・ちょ」は、〈 t 〉と〈 ya yu yo 〉をくみあわせて、3文字でかきあらわすよ。「にゃ・にゅ・にょ」は、〈 n 〉をつかって、3文字でかきあらわすよ。

ちゃ	ちゅ	ちょ
tya	tyu	tyo

にゃ	にゅ	にょ
nya	nyu	nyo

ローマ字をおぼえよう ③

よめるかな 下のローマ字をよんでみよう。日本ごは、ページの下に小さくかいてあるよ。

① tyawan

② tyûsya

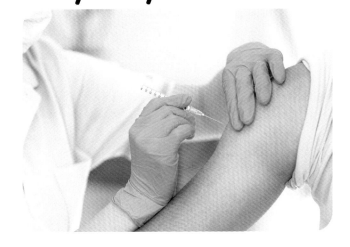

③ konnyaku

④ gyûnyû

❶ちゃわん　❷ちゅうしゃ　❸こんにゃく　❹ぎゅうにゅう

小さい「や・ゆ・よ」のつく

「ひゃ・ひゅ・ひょ」は、〈 h 〉と〈 ya yu yo 〉をくみあわせて、3文字でかきあらわすよ。「びゃ・びゅ・びょ」は、〈 b 〉をつかって、3文字でかきあらわすよ。

ひゃ　　　ひゅ　　　ひょ

hya hyu hyo

びゃ　　　びゅ　　　びょ

bya byu byo

ローマ字をおぼえよう④

よめるかな 　下のローマ字をよんでみよう。日本ごは、ページの下に小さくかいてあるよ。

① hyakuten

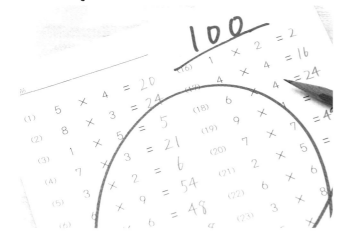

② hyôtan

③ sanbyaku

④ byôin

①百てん　②ひょうたん　③三百　④びょういん

小さい「や・ゆ・よ」のつく

「ぴゃ・ぴゅ・ぴょ」は、〈 p 〉と〈 ya yu yo 〉をくみあわせて、3文字でか
きあらわすよ。「みゃ・みゅ・みょ」は、〈 m 〉をつかって、3文字でか
きあらわすよ。

ぴゃ ぴゅ ぴょ

pya pyu pyo

みゃ みゅ みょ

mya myu myo

ローマ字をおぼえよう⑤

よめるかな ▶
下のローマ字をよんでみよう。日本ごは、ページの下に小さくかいてあるよ。

❶ pyonpyon

❷ myaku

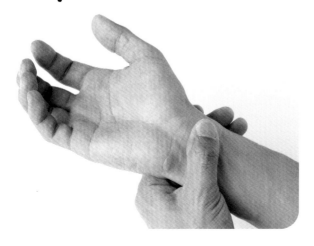

❸ myôga

❶ぴょんぴょん　❷みゃく　❸みょうが

小さい「や・ゆ・よ」のつく

「りゃ・りゅ・りょ」は、〈 r 〉と〈 ya yu yo 〉をくみあわせて、3文字でかきあらわすよ。

りゃ　　　　りゅ　　　　りょ

rya ryu ryo

よめるかな　下のローマ字をよんでみよう。日本ごは、ページの下に小さくかいてあるよ。

❶ kyôryû

❷ ryôri

ローマ字をおぼえよう❻

下のローマ字をよんでみよう。日本ごは、ページの下に小さくかいてあるよ。

①

ningyo

ningyô

②

makura

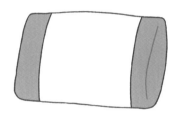

makkura

③

byôin

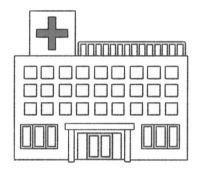

biyôin

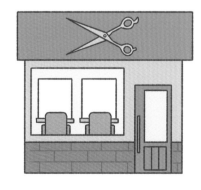

べつのかきあらわしかたが あるローマ字

ローマ字には、あるきまった文字について、べつのかきあらわしかたがあるよ。

	し	しゃ	しゅ	しょ	ち	つ	ちゃ
ここまででならった かきあらわしかた	si	sya	syu	syo	ti	tu	tya
べつのかきあらわしかた （ヘボンしき）	shi	sha	shu	sho	chi	tsu	cha

クイズ ヘボンしきをつかったローマ字はどっちかな？ こたえは、右のページの下に小さくかいてあるよ。

1

Ⓐhune

Ⓑfune

これを
「ヘボンしき」と
いうよ。

がいこくの人が
はつ音しやすい
よみかたなんだよ。

ちゅ	ちょ	じ	じゃ	じゅ	じょ	ぢ	づ	ぢゃ	ぢゅ	ぢょ	ふ
tyu	tyo	zi	zya	zyu	zyo	zi	zu	zya	zyu	zyo	hu
chu	cho	ji	ja	ju	jo	di	du	dya	dyu	dyo	fu

2

Ⓐ **tukusi**

Ⓑ **tsukushi**

［ ローマ字で
かかれた名まえ ］

ともだちの名まえのローマ字をよめるかな。はじめの文字は、大文字でかくよ。名まえはヘボンしき（▶32ページ）でかかれることがおおいよ。また、のばすしるしをかかないことがあるよ。

わたしの名まえは
ローマ字でかくと
Yuna
ゆな／ゆうな

ぼくの名まえは
ローマ字でかくと
Shun
しゅん

Tatsuru
たつる

Rin
りん

Sakura
さくら

あなたの名まえ、
おともだちの
名まえはあるかな。

Misaki
みさき

Yuma
ゆうま／ゆま

Aoi
あおい

* Shun は Syun と、Tatsuru は Taturu とかくことがあるよ。

いろのとおりにさわってみよう

キーボードにいろをぬったよ。いろでしめされたとおりのゆびをつかって、A（エー）からZ（ゼット）までじゅんばんにさわってみよう。

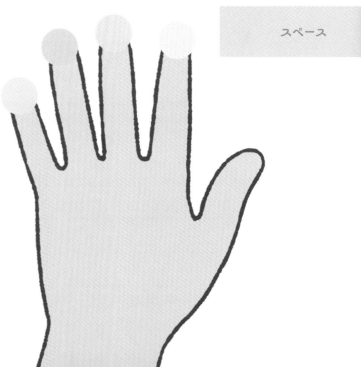

タイピングにやくだつ はじめてのローマ字
❷ にごる音、つまる音 ほか

2022年8月　初版第1刷発行

監修―――――小泉清華（筑波大学附属桐が丘特別支援学校教諭）
編著―――――大門久美子
発行者―――――小安宏幸
発行所―――――株式会社汐文社
　　　　　　〒102-0071
　　　　　　東京都千代田区富士見1-6-1
　　　　　　TEL 03-6862-5200｜FAX 03-6862-5202
　　　　　　https://www.choubunsha.com
印刷―――――新星社西川印刷株式会社
製本―――――東京美術紙工協業組合

ISBN978-4-8113-2965-9